Los Reyes de Israel y Judá

Una guía fascinante del antiguo reino judío de David y Salomón, la monarquía dividida y las conquistas asirias y babilónicas de Samaria y Jerusalén

© Copyright 2021

Todos los derechos reservados. Ninguna parte de este libro puede ser reproducida de ninguna forma sin el permiso escrito del autor. Los revisores pueden citar breves pasajes en las reseñas.

Descargo de responsabilidad: Ninguna parte de esta publicación puede ser reproducida o transmitida de ninguna forma o por ningún medio, mecánico o electrónico, incluyendo fotocopias o grabaciones, o por ningún sistema de almacenamiento y recuperación de información, o transmitida por correo electrónico sin permiso escrito del editor.

Si bien se ha hecho todo lo posible por verificar la información proporcionada en esta publicación, ni el autor ni el editor asumen responsabilidad alguna por los errores, omisiones o interpretaciones contrarias al tema aquí tratado.

Este libro es solo para fines de entretenimiento. Las opiniones expresadas son únicamente las del autor y no deben tomarse como instrucciones u órdenes de expertos. El lector es responsable de sus propias acciones.

La adhesión a todas las leyes y regulaciones aplicables, incluyendo las leyes internacionales, federales, estatales y locales que rigen la concesión de licencias profesionales, las prácticas comerciales, la publicidad y todos los demás aspectos de la realización de negocios en los EE. UU., Canadá, Reino Unido o cualquier otra jurisdicción es responsabilidad exclusiva del comprador o del lector.

Ni el autor ni el editor asumen responsabilidad alguna en nombre del comprador o lector de estos materiales. Cualquier desaire percibido de cualquier individuo u organización es puramente involuntario.

Índice

INTRODUCCIÓN 1

CAPÍTULO 1 - LOS ÚLTIMOS JUECES 4
    SAMUEL Y LOS SACERDOTES 5
    EL ARCA DE LA ALIANZA 5
    DAGÓN, LOS FILISTEOS Y EL ARCA 6

CAPÍTULO 2 - DANOS UN REY 8
    EL ASCENSO DEL REY SAÚL 9
    EL PRINCIPIO DEL FIN DE SAÚL 9

CAPÍTULO 3 - UN NIÑO DE BELÉN 11
    LA LIRA DE DAVID 12
    MATAR AL GIGANTE 12

CAPÍTULO 4 - SAÚL TIENE UN RIVAL 15
    EL FORAJIDO 16
    EL FIN DE SAÚL 17

CAPÍTULO 5 - EL REY DAVID 19
    DAVID RECIBE LA REGALIA 19
    EL REY DE ISRAEL Y JUDÁ UNIDOS 20
    MOVIENDO EL ARCA 21

CAPÍTULO 6 - LA CAÍDA DE DAVID 22
    TENTACIÓN DE PRIMAVERA 22
    OCULTANDO EL ERROR 23
    EL CASTIGO 24

CAPÍTULO 7 - LOS HORRORES 25
    AMNÓN 25
    EL REBELDE 26
    "¡ABSALÓN, HIJO MÍO, HIJO MÍO!" 27
    CENSO Y PESTE 28

CAPÍTULO 8 - EL REY SALOMÓN 29

El Camino de Salomón hacia el Trono 30
El Último Consejo de David 30
La Legendaria Sabiduría de Salomón 31
La Gloria de Salomón y el Templo 32
El Declive 33
Los Futuros Reyes: Jeroboam y Roboam 34

CAPÍTULO 9 - MONARQUÍA DIVIDIDA 35

Roboam - El Hijo Insensato de los Sabios 36
Jeroboam y los Nuevos Ídolos 37
La Invasión de Shishak y la Misteriosa Desaparición del Arca 37

CAPÍTULO 10 - LOS REYES DE LA MONARQUÍA DIVIDIDA HASTA LA CAÍDA DE ISRAEL 39

Ahab, Jezabel y el Profeta Elías 40
Una Tregua Transitoria: Ocozías y Dos Jorams 41
Jehú 41
Ataliah y Joás de Judá 42

CAPÍTULO 11 - DIEZ TRIBUS PERDIDAS: LA DESTRUCCIÓN Y CAÍDA DE ISRAEL 43

Los Arameos Invaden Israel 43
El Fin de la Dinastía de Jehú 44
Los Reyes Buenos y Malos de Judá 44
La Conquista Asiria y la Despoblación de Israel 45

CAPÍTULO 12 - LA RESISTENCIA Y LAS REFORMAS DE JUDÁ 46

Ezequías, el Buen Rey 47
"Ángel" Salva a Jerusalén 47
Manasés y Amón 48
El Piadoso Rey Josías 48

CAPÍTULO 13 - LA CAÍDA DE JERUSALÉN Y EL FIN DEL REINO DE JUDÁ 49

El rey Se Rinde 50
Destrucción Final 50

CONCLUSIÓN 51

VEA MÁS LIBROS ESCRITOS POR CAPTIVATING HISTORY 53

REFERENCIAS 54

Introducción

La historia de los antiguos reinos de Israel y Judá y sus reyes es una historia de héroes y villanos épicos. David fue el salvador elegido por Dios que luchó contra los gigantes, y un individuo notable que inspiró a los más grandes artistas del mundo para crear sus esculturas y pinturas inmortales. Salomón es considerado como el autor de muchos de los proverbios que aún usamos, y las fuentes antiguas dicen que estuvo casado con setenta princesas extranjeras. Los protagonistas de este libro también incluyen a famosos gobernantes del mundo antiguo, como la reina de Saba y Nabucodonosor de Babilonia.

Conocerá cómo David unificó la nación, pero también descubrirá su oscuro secreto y sus terribles consecuencias. Descubrirá todo sobre la edad de oro de Salomón, la construcción de su templo y la legendaria Arca del Pacto, y también aprenderá lo despiadado que fue con sus súbditos cerca del final de su reinado. Además, conocerá las raíces del conflicto entre las tribus israelitas, por qué el reino judío se había dividido en dos, y cómo los dos reinos desunidos cayeron ante los poderosos imperios de Egipto y Babilonia.

Hay dos maneras de entender la historia de los antiguos reinos de los israelitas. Podemos confiar en la Biblia o intentar atenernos a los indiscutibles hallazgos arqueológicos.

Aquí están las tres razones principales por las que este libro ha elegido seguir la versión bíblica de la historia:

- Los mitos y leyendas (especialmente los mitos nacionales de los principales reinos e imperios, como la fundación de Roma y el triunfo de David sobre Goliat) siempre han sido una parte vital de la historia antigua.
- Discutibles o no, estas historias se han convertido en el fundamento subyacente de la visión del mundo occidental, y como tales, todavía influyen en la política de hoy y en la historia del mañana.
- Son mucho más interesantes que los hechos concretos. Los descubrimientos arqueológicos nos ayudan con la cronología y los datos, pero la Biblia nos da toda la sustancia.

Nuestro conocimiento del mundo prehistórico a menudo se basa en leyendas. Por ejemplo, Homero (una figura sombría) es nuestra principal fuente de información sobre la invasión griega de Troya. De la misma manera, el relato del pueblo judío a finales del segundo y principios del primer milenio antes de Cristo no está respaldado por muchas pruebas arqueológicas. Si queremos conocer a este pueblo, sus motivos y preocupaciones, tenemos que confiar en las historias que se originaron en su propia tradición oral, que fueron escritas siglos más tarde por los Deuteronomistas, y se conservan en el Antiguo Testamento y en la Biblia judía.

Este libro cubre un lapso de tiempo de alrededor de medio milenio. El primer par de capítulos, que cubren el cambio de Israel de un gobierno tribal a una monarquía centralizada, cuentan las historias de la gente y los eventos descritos inicialmente en los dos libros de Samuel (Sam. 1 y 2). El resto del libro sigue la historia de los dos Libros de los Reyes (Reyes 1 y 2).

Siempre que es posible, los eventos se explican desde la perspectiva actual, aparte de cualquier contexto religioso, y con la conciencia de algunos hallazgos arqueológicos más recientes. Sin embargo, como la religión desempeñaba un papel central en la vida de los antiguos israelitas, la legitimidad de sus reyes estaba relacionada con su relación especial, a menudo personal, con Dios (de hecho, todos los acontecimientos, decisiones, causas y consecuencias de la narración bíblica se explican desde ese punto).

Independientemente de esta diferencia en la disponibilidad y la calidad de las fuentes que tenemos para diferentes períodos, la intención de este libro es ofrecer una narración clara y fácil de seguir, y comprender todos los hechos e historias más interesantes sobre este mundo legendario y sus protagonistas.

Capítulo 1 - Los Últimos Jueces

Había pasado un tiempo desde que Jacob (Israel) y sus hijos dejaron Canaán (alrededor del siglo 17-16 a. C.), solo para terminar en la esclavitud en Egipto. Mucho más tarde, en el siglo 18 a. C., sus descendientes, liderados por Moisés y Josué, volvieron a la Tierra Prometida, o como ellos la llamaron, Canaán. Las doce tribus hebreas se establecieron allí y rebautizaron la tierra como Israel. Sin embargo, esas tribus no estaban unidas, y necesitaban un líder fuerte que las uniera.

Hasta este punto, los individuos que tenían una influencia suprema en el pueblo de Israel y tomaban las decisiones más importantes eran los llamados jueces. Estas personas eran líderes militares y religiosos, sacerdotes y profetas, no monarcas. Su autoridad era a menudo reconocida por más de una tribu, pero no era suficiente para unirlos a todos.

Los judíos siempre habían vivido en un ambiente hostil, y ahora estaban rodeados por las ciudades-estado filisteas y otros reinos igualmente hostiles. Las tribus desunidas eran incapaces de resistir a tales fuerzas. El pueblo israelí necesitaba un rey que los llevara a la victoria.

Samuel y los Sacerdotes

El hombre que, según los registros de los israelitas, tenía la autoridad para identificar al futuro rey era el último juez de Israel, Samuel. Tanto un líder militar como un profeta de Dios, Samuel era una figura tremendamente importante en la vida religiosa y política de Israel—tan importante como los reyes que reconocía, Saúl y David.

Los textos sagrados de las tres religiones principales— el judaísmo, el cristianismo y el islam— reconocen a Samuel como uno de los profetas clave de la historia. Su nacimiento de una madre previamente estéril fue descrito como un milagro, después de lo cual ella lo dedicó al servicio de Dios.

Samuel pasó su juventud en las tiendas de un sacerdote llamado Eli, que estaba a cargo del sagrado Tabernáculo, y de sus hijos, que también tenían cargos sacerdotales. Sin embargo, estos hombres eran "malvados". Los hijos de Eli tenían el hábito de robar y comer los sacrificios destinados a Dios, y tenían relaciones sexuales con varias mujeres en la entrada del Tabernáculo. Aunque decepcionado por las acciones de sus hijos, Eli los mantenía en sus posiciones y también consumía los sacrificios robados. Entonces una noche, Dios informó al joven Samuel que la dinastía de Eli estaba condenada.

El Arca de la Alianza

El Tabernáculo era un santuario móvil, hogar de la reliquia más significativa que, según los Deuteronomistas, había ayudado a los israelitas a ganar batallas decisivas como la de Jericó. Esta reliquia era el Arca de la Alianza, un cofre de madera cubierto de oro, que contenía las dos tablas de piedra de los Diez Mandamientos. Esta Arca era más que una reliquia; era el símbolo de la presencia de Dios entre su pueblo. En momentos críticos, los israelitas mantenían el Arca cerrada y creían que los hacía imbatibles en la guerra.

Cerca del final del mandato de Elí como custodio del Tabernáculo, Israel sufrió una gran derrota contra los filisteos. La situación era grave; los israelitas tenían que hacer algo rápido. Así que decidieron llevar el Arca de la Alianza a la siguiente batalla.[i]

Los filisteos se sorprendieron un poco al oír que "¡Dios ha entrado en el campamento!". Sin embargo, golpearon a los israelitas, saquearon su campamento y se apoderaron del Arca. No hay duda de que se sintieron triunfantes, pero pronto se encontraron con una sorpresa no tan agradable.

Eli estaba tan perturbado por la noticia que murió. La esposa de uno de sus hijos también murió, debido a un parto prematuro. Su hijo se llamaba Ichabod, que significa "Sin gloria". Sin el Arca, y con su líder religioso muerto, Israel estaba destrozado.

Dagón, los Filisteos y el Arca

Los filisteos no eran una fuerza centralizada. Era un conjunto de cinco ciudades separadas, y cada una de ellas tenía un rey y su propio templo principal, dedicados a alguno de los dioses cananeos.[ii] La ciudad filistea más poderosa de la época era Ashdod (otras ciudades eran Ekron, Gaza, Gath y Ashkelon). El Arca fue llevada allí y puesta en el templo de Dagón, el dios cananeo del grano.

Los filisteos se sintieron victoriosos. Tenían el Arca, y eso significaba que su dios Dagón venció al dios de Israel. Pero el regocijo no duró. A la mañana siguiente, según el Antiguo Testamento, el sacerdote de Dagón vio una imagen inquietante: La estatua de Dagón yacía boca abajo frente al Arca. Confundidos, los filisteos devolvieron el ídolo a su posición vertical. Fue aún peor al día siguiente. Dagón no solo estaba acostado; su cabeza y sus manos estaban rotas y separadas del torso. Los ciudadanos de Asdod estaban petrificados por el poder del dios israelita, ya que era la única manera de explicar lo que acababa de suceder. Además de la ruptura de la estatua de Dagón, el pueblo, torturado por tumores o hemorroides, también sintió la ira del Dios.[iii]

Enfermos y asustados, los ciudadanos de Ashdod dieron el Arca al pueblo de Gath, que finalmente sufrió el mismo destino. Los ciudadanos de Gath ofrecieron el Arca a sus vecinos de Ekron, pero sabiamente rechazaron el regalo. Los filisteos entonces colocaron la reliquia de los israelitas en un carro tirado por dos vacas y la enviaron de vuelta a sus dueños.

Capítulo 2 - Danos un rey

Eli y sus hijos murieron, así que Samuel se convirtió en el líder religioso y político de Israel. También estaba a cargo del Tabernáculo, y llevó a cabo todos sus deberes maravillosamente durante años. Sin embargo, al igual que los hijos de Eli, también sus propietarios se corrompieron, y el pueblo de Israel no quería que sustituyeran a Samuel. Más bien, expresaron el deseo de tener un rey y ser como todos los demás pueblos.

A Samuel no le gustaba la idea de nombrar un rey porque significaba rechazar a Dios y a sí mismo como siervo de Dios. Sin embargo, según la Biblia, Dios le aconsejó "escuchar la voz del pueblo".[iv] Antes de crear un cambio importante en la historia de Israel, Samuel dio una última advertencia al pueblo. En esencia, le dijo al pueblo que sus hijos tendrían que servir al ejército real, sus hijas terminarían en el harén real, y los demás trabajarían en los proyectos de construcción del rey. Pero al pueblo no le importaban esas advertencias. Querían convertirse en una nación unida con un líder fuerte que les trajera la victoria sobre sus enemigos.

El ascenso del Rey Saúl

El Primer Libro de Samuel (1 Sam.) ofrece dos relatos diferentes de cómo Saúl fue elegido para ser el primer rey de Israel. Según el primero, Dios le dice a Samuel que un joven vendrá y le preguntará algo sobre los burros perdidos de su padre. La segunda variante dice que el rey ha sido elegido gracias a los dados sagrados.

De cualquier manera, a la gente le gustaba Saúl. Estaban felices de tener un rey tan alto, guapo y capaz.[v] Su reinado comenzó de forma fantástica, ya que aplastó a la mayoría de los enemigos de Israel. Sin embargo, su triunfo no duró mucho tiempo.

El Principio del Fin de Saúl

Muy pronto después de la coronación, el rey Saúl perdió el favor de Dios (o quizás el de Samuel). Hay, de nuevo, dos historias sobre eso. La primera dice que Saúl no tuvo la paciencia de esperar a que Samuel ofreciera un sacrificio a Dios después de una batalla, así que lo hizo él mismo. La segunda historia registra que el rey no siguió la orden de Dios (a través de Samuel). Se suponía que debía matar a todos los amalecitas, pero Saúl le perdonó la vida a su rey, Agog, y se quedó con algo de ganado.

Cuando Samuel se acercó, regañando al rey, Saúl empezó a inventar excusas y mintió tres veces. Primero, afirmó que había hecho todo lo que el Señor le había exigido. Luego, dijo que los soldados, no él, se llevaron el ganado. Finalmente, declaró que el ganado se había guardado para el sacrificio. Según la Biblia, la desobediencia de Saúl le hizo perder la corona.[vi]

No podemos decir con seguridad lo que realmente ocurrió aquí, pero esta historia nos dice algo crucial. La diferencia clave entre el pueblo de Israel y los pueblos de alrededor era su religión y su ética. Para ellos, los actos rituales, como el sacrificio, no eran tan importantes como las acciones correctas. Los profetas de Israel, incluyendo a Samuel, repetían que lo único que importaba era seguir las órdenes de Dios.

Sin embargo, Saúl trató de salvar su buen nombre entre su pueblo y le rogó a Samuel que lo honrara públicamente—lo cual hizo, después de que él (Samuel) hubiera matado al rey amalecita personalmente.

Capítulo 3 - Un niño de Belén

Saúl todavía era un rey, pero Dios le dijo a Samuel que era hora de encontrar uno nuevo. El inquieto profeta siguió las instrucciones de Dios y fue a un pequeño pueblo llamado Belén. Allí buscó a un hombre llamado Jesse porque Dios eligió a uno de sus hijos para ser el próximo rey de Israel.

Samuel quedó impresionado por la apariencia del hijo mayor de Jesse, que era muy alto, fuerte y presentable, pero Dios le dijo que no importaba cómo se viera una persona. Este joven no era el indicado. Se le mostraron otros hijos a Samuel, pero ninguno de ellos fue reconocido como el próximo rey. Resultó que había un hijo más, el más joven, que estaba cuidando las ovejas. Samuel vio al niño y lo ungió al instante. David fue el elegido. Sin embargo, eso no significaba que ahora fuera el rey.

Desafortunadamente, la única fuente sobre la vida y el reinado del rey David es la Biblia. Sin embargo, varios hallazgos arqueológicos, como una inscripción fragmentada en la estela de Tel Dan que menciona la "Casa de David", nos dicen que un gobernante llamado David sí existió.[vii]

La Lira de David

David permaneció en Belén, y Saúl no tenía la menor idea de lo que pasó allí. Sin embargo, por un giro irónico, el rey de alguna manera se encuentra con el chico y decide mantenerlo cerca. Así es como sucedió.

Saúl había sido atormentado por "un espíritu maligno", incapaz de calmarse a sí mismo. Buscando alivio, pidió un músico para poder calmar su tormento interior—y le envían uno maravilloso, un pastorcillo que tocaba la lira magníficamente. La idea funcionó, y Saúl parecía estar curado. Inmensamente agradecido, el rey ascendió al muchacho y lo hizo su portador de armadura. El chico, por supuesto, era David.

Los talentos musicales de David, junto con la voluntad de Dios, según el Antiguo Testamento, lo llevaron del anonimato a la fama. Eso es solo el principio, ya que la lira no era su única arma.

Matar al Gigante

David regresó a Belén, y su padre lo envió a ver a sus hermanos, que estaban sirviendo en el ejército de Israel. Llegó al campamento del ejército y se encontró con algo increíble.

En medio de otra batalla con los filisteos, la lucha se había detenido. Los filisteos habían ofrecido aceptar la supremacía de Israel y convertirse en esclavos con una pequeña condición. Necesitaban a alguien del ejército israelita para luchar y derrotar a su mejor guerrero en una batalla de uno contra uno.

El soldado filisteo se llamaba Goliat, y medía entre 6 pies y 9 pulgadas (el Antiguo Testamento griego) y 9 pies y 9 pulgadas (la Biblia hebrea) de altura.

En el momento de la llegada de David al campamento israelita, habían pasado cuarenta días desde que Goliat comenzó a burlarse y ridiculizar al ejército de Israel, su nación y su Dios.

Saúl lo había intentado todo. Incluso había prometido que premiaría enormemente a cualquiera que se atreviera a luchar contra Goliat—con el resultado de una victoria, por supuesto. El premio garantizado consistía en el matrimonio con la hija del rey, la riqueza, e incluso una reducción de impuestos. Sin embargo, en cuarenta días, nadie demostró el valor de enfrentarse a Goliat.

Cuando David llegó, se sorprendió de que nadie tuviera el valor de enfrentarse a este matón. Para él, no era una cuestión de fuerza física; todo tenía que ver con la confianza de un individuo en Dios. David confiaba en que Dios le ayudaría, y le preguntó a Saúl si podía aceptar este desafío. Saúl admiró la resolución del muchacho y le ofreció su armadura real (que finalmente le pertenecería de todos modos). Pero David era demasiado pequeño, y no podía llevar la armadura, así que decidió continuar sin ella.

David de Miguel Ángel (detalle)[viii]

David no estaba completamente desarmado. Tenía su honda—que usaba muchas veces para detener a los depredadores y proteger a las ovejas de su padre— y unas cuantas piedras.

Goliat estaba desconcertado y un poco ofendido al ver al chico acercarse a él con nada más que una honda. David prometió desafiar al gigante en el nombre del Señor, lanzó una piedra con su honda y golpeó a su némesis en la frente. El gigante perdió la conciencia, cayendo al suelo. David aprovechó la oportunidad para agarrar la enorme espada de Goliat y cortarle la cabeza.

Los filisteos comenzaron a correr por sus vidas, y los israelitas los persiguieron. David fue al Tabernáculo y depositó la espada de Goliat allí como evidencia de que fue Dios quien mató al gigante. En este punto, David probablemente no sabía que iba a usar esa espada algún día de nuevo en el futuro.

Hoy en día, algunos teóricos tratan de probar que Goliat tenía una condición médica conocida como acromegalia o gigantismo que podría llevar a la ceguera; esto podría de alguna manera explicar la forma en que David fue capaz de derrotar tan fácilmente a un guerrero gigante. Sin embargo, el relato bíblico, nuestra principal fuente de información en este libro, no menciona ninguna posibilidad de que el gigante filisteo estuviera incapacitado de alguna manera.[ix]

Capítulo 4 - Saúl Tiene un Rival

David se volvió locamente popular entre el pueblo de Israel. A medida que empezó a ganar muchos seguidores, el rey Saúl empezó a sentirse inseguro. Ya no estaba dispuesto a casar a su hija con David. De hecho, prefería verlo muerto. Así que un día, al ver que David tocaba su lira pacíficamente, el rey lanzó su lanza al joven, pero no le dio. Este fue solo el primero de muchos intentos de Saúl para deshacerse de este carismático adolescente.

El siguiente intento fue mucho más astuto. El rey le dijo a David que podía casarse con su hija llamada Mical, pero primero tenía que demostrar que la merecía. El "precio de la novia" que David tuvo que pagar fue de cien prepucios de filisteos. Saúl aparentemente esperaba que David muriera tratando de conseguir estos prepucios. Sin embargo, el joven regresó con doscientos prepucios, tras lo cual Saúl no tuvo más remedio que permitir que David se casara con Mical.

Saúl quería matar a David, pero sus intentos fallaron todas las veces. David no solo estaba muy alerta, sino que también era el favorito de todos. Los propios hijos de Saúl, Mical y Jonatán, lo protegieron y le ayudaron a evadir varias trampas puestas por el rey.

David, por otro lado, no quería hacer daño a Saúl. En una ocasión, se acercó silenciosamente a Saúl y le cortó un trozo de su ropa, solo para demostrar que podía matar fácilmente al rey si quería. Todavía respetaba a Saúl como el rey elegido por Dios, así que no mataría al ungido de Dios.

Saúl dijo que se arrepentía de haber intentado matar a David, pero lo intentó de nuevo varias veces. Esta vez, sin embargo, estaba más decidido que nunca. David y varios hombres que se unieron a él tuvieron que huir para escapar de ser masacrados. Fueron al Tabernáculo donde los sacerdotes les dieron comida. David también tomó la espada de Goliat, que le había estado esperando. Saúl se enteró de todo esto demasiado tarde. Incapaz de matar a David, que ya había escapado, el rey ordenó a sus guardias que mataran a los sacerdotes. Ningún israelita estaba dispuesto a levantar la mano a un sacerdote, pero un mercenario edomita obedecía con gusto. Solo un sacerdote, llamado Abiatar, logró huir y se unió a David.

El Forajido

Mientras tanto, David se las arregló para salvar una vez más su vida del rey, y Saúl lo sabía. Después de eso, volvió a decir que perdonaba a David, e incluso actuó como si todavía fueran familia (después de todo, David estaba casado con la hija del rey). A pesar de todo, Saúl aprovechó cada oportunidad para intentar asesinar a su yerno. Aunque no desterró a David y a sus hombres, el rey los puso efectivamente fuera de la ley y del sistema. Para sobrevivir, tuvieron que hacer cosas diversas como cobrar a los ricos por proteger sus rebaños. Un hombre rico llamado Nabal ("Tonto") se negó a pagar, y David estaba decidido a matarlo, pero la esposa del hombre, Abigail, lo detuvo, explicando que su marido era un tonto borracho. El tonto finalmente se enteró de lo que pasó y murió de un ataque. David entonces se casó con su inteligente y hermosa esposa.[x]

El futuro rey estaba inquieto en su huida. El territorio filisteo era el único lugar donde Saúl no podía matar a David, así que él y sus hombres terminaron viviendo con los filisteos por más de un año, sirviendo como mercenarios. Funcionó bien por un tiempo, pero eventualmente, los filisteos comenzaron a cuestionar la lealtad de David.

David todavía se las arregló para encontrar una manera de hacer lo correcto en las condiciones más difíciles. Cuando las autoridades filisteas enviaron a Senthim y sus hombres a asaltar Israel, fueron y saquearon en otro lugar, afirmando entonces que el botín de guerra era de Israel. La siguiente petición fue más complicada, ya que se esperaba que David atacara realmente a Israel durante un ataque conjunto masivo. Sin embargo, algunos de los reyes filisteos no confiaban en este israelita y no querían que tomara parte en esta guerra, porque podría cambiar de bando repentinamente y convertirse en una amenaza peligrosa. David estaba fuera de peligro; el pueblo de Israel y sus líderes, sin embargo, no lo estaban.

El Fin de Saúl

La batalla decisiva estaba a punto de ocurrir, y Saúl quería saber si Dios lo apoyaría. Desafortunadamente, Samuel acababa de morir, así que Saúl se vio obligado a ir a la antigua ciudad de Endor para visitar a una médium, haciéndolo disfrazado porque el contacto con los muertos estaba prohibido. La médium convocó a Samuel, quien no estaba feliz de ser molestado. El profeta muerto le dijo al rey que se reuniría con él y sus hijos al día siguiente.

Al día siguiente, los filisteos devastaron a los israelitas en una de las batallas más sangrientas del mundo bíblico. La mayoría de los hijos de Saúl fueron asesinados, incluyendo al príncipe heredero y un querido amigo de David, Jonatán. El rey tenía una herida mortal, pero permaneció vivo. Nadie se atrevió a matarlo, así que cayó sobre su espada para evitar ser capturado y torturado por los filisteos. Al final, los filisteos tomaron su cabeza y su armadura, y los llevaron al templo de su Dios.

En poco tiempo, el pueblo de Israel perdió a todos sus líderes—el rey Saúl, sus hijos y el último juez, Samuel. Fue un momento crítico en la historia de este pueblo. Y ahora todo dependía de lo que pasara después.

Capítulo 5 - El Rey David

David lloró las muertes de Saúl y, especialmente, de Jonatán. Su amistad con Jonatán significaba para él más que el amor de las mujeres, según fuentes antiguas. Sin embargo, David tenía que asegurar su lugar en el trono—y tenía que actuar rápido.

Mientras tanto, las tribus del norte (las que formarían el reino separado de Israel un par de décadas más tarde, mientras que las tribus del sur se convertirían en el reino de Judá) declararon a Isbaal, o Ishboset, su rey. Ishbaal era el hijo de Saúl, probablemente el último superviviente, aunque no el que Saúl tenía en mente como futuro líder de su pueblo.

David Recibe la Regalia

Un hombre se acercó a David trayéndole la noticia de la muerte de Saúl y su insignia real—la corona de Israel y el amuleto de Saúl. Esta persona esperaba que David le recompensara por sus "favores", que, según dijo, incluían matar al rey Saúl, herido de muerte, que suplicaba que alguien acabara con su miseria para no ser capturado por el enemigo.

David no estaba impresionado. De hecho, estaba horrorizado por la fanfarronería del hombre que mató a Saúl. Matar a un rey de Israel, un "Ungido de Dios" era un crimen terrible, y David no lo toleraría.

En lugar de una recompensa, el hombre recibió una sentencia de muerte.

Poco después, un general llamado Abner, que había estado sirviendo bajo Ishbaalin en el norte, quiso apoyar a David y cambiar de bando, llevándose consigo una gran parte de las fuerzas de Ishbaal. Sin embargo, el general Joab, que había estado sirviendo bajo David, no confió en Abner y lo mató.

En este curso de los acontecimientos, dos soldados llegaron a la idea de matar a Ishbaalin para ser recompensados por David. Se colaron en la habitación de Ishbaal por la noche, lo mataron y le llevaron la cabeza a David. Sin embargo, a David no le gustaban los traidores—incluso los que traicionaban a sus enemigos. Al igual que el hombre que supuestamente mató a Saúl, estos dos soldados terminaron ejecutados por traición.

El Rey de Israel y Judá Unidos

Como resultado de todo este complot, David se convirtió en el rey de todo Israel, tanto de las tribus del norte como de Judá. Ahora, tuvo que hacer algunos cambios importantes en la forma en que el reino estaba organizado. La capital de Saúl era Hebrón, en Judá. David eligió otra ciudad como base: Jerusalén. En este punto, Jerusalén era una elección neutral. Estaba situada entre el norte y Judá, y no pertenecía al territorio de ninguna de las tribus. Al hacer esto, David logró unir a las tribus de manera efectiva.

También tuvo que unir el sacerdocio. Dos grupos diferentes y sus líderes, Abiatar y Sadoc—uno descendiente de Moisés y el otro de Aarón (hermano de Moisés y sumo sacerdote de Israel durante el período del Éxodo)[xi]— reclamaron el puesto de sumo sacerdote de Israel. Para hacer feliz a todo el mundo, David nombró a ambos líderes como sumo sacerdote.

Moviendo el Arca

Ahora que había establecido la nueva capital, David quería trasladar el Tabernáculo sagrado y el Arca de la Alianza a Jerusalén.

Varias anécdotas están relacionadas con el traslado de las reliquias a Jerusalén. Al menos un hombre murió durante la procesión porque se acercó al Arca.[xii] El traslado se retrasó y se reanudó tres meses después. Se organizó una nueva procesión que incluía música, baile y algunos desnudos.

En Jerusalén, David bailó ante el Arca con sus partes privadas expuestas. El traslado fue seguido de una fiesta, y todo el mundo estaba feliz— excepto la esposa de David, Mical. Ella no estaba feliz de que su marido—y el rey de Israel—se descubriera ante la multitud "como un hombre vulgar". Sin embargo, David se resintió de sus críticas y la reprendió a cambio. Como ella estaba tan molesta por la desnudez de su marido, declaró que nunca más se desnudaría delante de ella. Como resultado, Mical permaneció sin hijos.[xiii]

Según el Antiguo Testamento, David quería construir un templo que sirviera de hogar al Arca, pero Dios no aceptó.[xiv] Las manos del rey estaban demasiado ensangrentadas para construir el edificio sagrado. Dios no le permitió hacerlo, pero al mismo tiempo Dios estaba complacido con las intenciones de David y le prometió que su dinastía duraría para siempre.

Capítulo 6 - La Caída de David

David estaba en la cima de su poder. Acababa de lograr lo inimaginable—establecer un reino verdaderamente unificado bajo su liderazgo y recibir un pacto eterno de Dios. Además, hizo que Israel saliera victorioso al derrotar a tantos de sus antiguos enemigos. Desde tales alturas, uno no puede ir a ninguna parte, excepto hacia abajo. Y eso es exactamente lo que pasa después con el rey David y, como veremos en el siguiente capítulo, su familia.

Tentación de Primavera

La primavera fue la época en que "los reyes salen a la guerra".[xv] Pero David no tenía ganas de luchar, así que decidió quedarse en Jerusalén mientras su ejército, bajo el mando del general Joab, luchaba contra los amonitas.

El rey disfrutaba de su tiempo libre y a veces caminaba por el tejado de su palacio. Durante uno de esos paseos, puso sus ojos en una vista interesante: una encantadora joven tomando un baño ritual. David se encaprichó al instante y envió a sus hombres de confianza a averiguar quién era ella y a traérsela. Lo hicieron, y después del primer encuentro con el rey, la mujer quedó embarazada.

La identidad de la mujer complicó aún más las cosas. Se llamaba Betsabé y era la esposa de un hitita llamado Urías, uno de los generales más virtuosos de Israel. Ahora estaba en el campo de batalla, luchando contra los enemigos del reino de David—lo que significaba que el embarazo de su mujer podría parecer sospechoso algún día.

Ocultando el Error

David siempre había sido brillante, así que ideó un astuto plan para ocultar sus malas acciones para que nadie saliera herido. Llamó a Urías el hitita y le pidió un informe de cómo iba el ejército. Urías le dio el informe, y David pareció satisfecho. En lugar de enviar a Urías al frente, el rey le dijo que se fuera a casa y se lavara los pies—lo que se interpreta comúnmente como un eufemismo para referirse a la intimidad con su esposa. Pero Urías no hizo eso. En su lugar, pasó la noche durmiendo en los escalones del palacio.

Al día siguiente, Urías le explicó a David que no podía ir a casa y disfrutar de su esposa mientras el resto del ejército se lavaba las manos en el campo. Simplemente le pareció mal (aunque aparentemente no le pareció demasiado mal a David quedarse en el palacio o dormir con Betsabé; sin darse cuenta de lo que estaba haciendo, Urías criticó al rey).

David no se dio por vencido. Dio un banquete por la noche y emborrachó a Urías. Sin embargo, el soldado no quiso volver a casa.

El rey tenía un plan B, que no era tan bueno como el plan original. Envió a Urías de vuelta al campo y le dio una carta para Joab. En la carta, David le dijo a Joab que pusiera a Urías en el frente, para que pudiera morir fácilmente en la batalla. El plan funcionó; David se casó con Betsabé y ella dio a luz a su hijo.[xvi]

El Castigo

Un día, el profeta Natán vino a David para contarle una gran injusticia que había ocurrido en su reino. Un pobre hombre tenía un cordero, y era tan valioso para él que lo trataba como si fuera su hija. También había un hombre rico con muchas ovejas. Un día el rico quiso alimentar a un visitante, pero en lugar de tomar una de sus innumerables ovejas, tomó el cordero que pertenecía al pobre.

Después de escuchar esta historia, el rey David se enfadó. La acción del hombre rico fue indignante, y tuvo que ser castigado. Sin embargo, esta historia es una parábola. El hombre rico es el propio David, y ha robado a la única esposa de Urías, a la que tanto amaba, para alimentar a su "visitante". El rey incluso mató al pobre para ocultar su pecado. Entonces Natán entregó un mensaje que, como dijo, vino directamente de Dios. David no sería asesinado, y su dinastía no sería interrumpida en este momento, pero aun así sería castigado de tres maneras. Primero, su familia estaría en guerra todo el tiempo y muchos de sus descendientes serían asesinados violentamente. Luego, alguien se acostaría públicamente con las esposas de David, porque él se acostaba en secreto con la esposa de su vecino. Finalmente, el hijo que tuvo con Betsabé no iba a vivir.

Los castigos pronto se hicieron realidad. El primer hijo de Betsabé y David murió de una enfermedad, y poco después de eso, una serie de eventos desafortunados comenzaron a suceder. Sería interesante tener otra perspectiva de los eventos que supuestamente tuvieron lugar en la corte de David. Sin embargo, la gente—incluidos los reyes—eran analfabetos en su mayoría. Las pocas personas que sabían escribir eran, de hecho, los autores de los libros bíblicos.

Capítulo 7 - Los Horrores

David no fue el único hombre de su familia que dejó que sus anhelos animales controlaran sus actos, haciendo que otras personas sufrieran. Este capítulo trata principalmente de sus hijos, que hicieron cosas igualmente horribles y causaron uno de los dramas familiares más conocidos de la historia antigua, en el que más hijos de David morirían—incluyendo su primogénito, Amnón, y su favorito, Absalón—esta vez por la espada.

Amnón

Amnón era el hijo mayor de David y el príncipe heredero. En ese momento, estaba lidiando con una obsesión irrefrenable. Estaba enamorado de su media hermana Tamar, y no podía controlar su deseo por más tiempo. Amnón habló con su primo Jonadab y le contó su anhelo. Jonadab estaba totalmente de su lado y quería ayudarle, así que se le ocurrió un plan. Amnón fingiría estar enfermo y pediría a Tamar que viniera a cuidarlo. El plan funcionó; tan pronto como Amnón estuvo a solas con Tamar, la violó.

Tamar lloró de desesperación, rompió su túnica y puso cenizas en su cabeza. Luego fue y le contó a su hermano de sangre, Absalón, lo que pasó. Absalón se sintió protector con su hermana y quiso vengarse de ella, pero todavía no buscó su venganza. David estaba furioso, pero no quiso castigar a su hijo primogénito. Parece que el caso estaba cerrado, pero no lo estaba.

Dos años después, parecía que todo el asunto había sido olvidado. Absalón invitó a David a un festival de esquila de ovejas. No es sorprendente que David no estuviera interesado, así que invitó a Amnón y a todos sus hijos. Todos se emborracharon, y Absalón les dijo a sus siervos que mataran a Amnón—que era su plan desde el principio.

Los otros hijos de David huyeron a su casa, donde lloraron la muerte de su hermano. David se consoló de que estaban vivos (había oído que Absalón los había matado a todos, pero ahora estaba claro que era un acto de venganza). El rey estaba preocupado por Absalón y quería que él también volviera a casa, pero el hijo se escondía lejos de Israel. Dos años más tarde, regresó, pidiendo el perdón de su padre, el cual le fue concedido.[xvii]

El Rebelde

Absalón había regresado a Israel por una razón—convertirse en su rey. Y no esperaría hasta que su padre muriera. Apenas regresó a Israel, Absalón comenzó a moverse, seguido por sus cincuenta hombres. Habló con el pueblo de Israel, quienes viajaron para ver a su padre y pedirle un juicio, y tuvo éxito al ganárselos.

Unos cuatro años después de su regreso a Israel, Absalón fue a Hebrón y se declaró rey de Israel. Es interesante y un poco irónico que no fuera allí en secreto. En cambio, Absalón había pedido el consentimiento de su padre para ir a Hebrón, y lo recibió. Absalón tenía muchos seguidores en ese momento, y la gente seguía llegando a su lado.

De acuerdo con el texto bíblico, Absalón era asombrosamente guapo, con pelo largo y abundante. Su apariencia era impresionante, y era justo el tipo de líder que el pueblo de Israel quería tener. Además, era cordial con la gente, los besaba a todos y prometía ayudarlos tan pronto como se convirtiera en el rey de Israel.[xviii] No es de extrañar que muchos cambiaran de bando, incluyendo a uno de los consejeros más sabios de David, Ahitofel.

David se enteró de que Absalón se había proclamado rey en Hebrón y sabía lo que vendría después—el pretendiente a la corona vendría a capturar Jerusalén con su ejército de partidarios. Reacio a luchar con su propio hijo, David convocó a su ejército y a gran parte de la población y huyó de la capital. Los únicos que se quedaron en Jerusalén fueron diez concubinas, cuya responsabilidad era cuidar del palacio, los sacerdotes que cuidaban del Arca, y un hombre llamado Husai, a quien David había dejado atrás para espiar a Absalón.

"¡Absalón, hijo mío, hijo mío!"[xix]

Absalón llegó a Jerusalén, y como no había nadie contra quien luchar, se preguntó qué podía hacer para que su victoria fuera más convincente. Su consejero (antes de su padre), Ajitofel, sugirió que el nuevo rey se acostara con las concubinas de David y que lo hiciera delante del pueblo de Israel. Así que hizo exactamente eso—se acostó con todas las concubinas restantes en una tienda de campaña en el amplio tejado del palacio, y lo hizo a mitad del día. De esa manera, cumplió convenientemente la profecía—el primer hijo de David con Betsabé ya había muerto, Amnón fue vencido violentamente, y ahora alguien acababa de acostarse con las mujeres de David en público."[xx]

Al final, sin embargo, David hizo que Absalón se alejara hacia el bosque de Efraín y se vio obligado a escapar. Mientras huía en una mula, su pelo se enredó con algunas ramas de árbol. La mula escapó sin él, y quedó colgado hasta que Joab lo encontró. El general desobedeció las instrucciones de David—el rey quería que su hijo no sufriera daños—y ordenó que mataran a Absalón.

David estaba muy molesto por la muerte de Absalón y se lamentó: "Oh, hijo mío Absalón, [...] ojalá hubiera muerto yo en tu lugar".[xxi]

Censo y Peste

Varios años después, David quiso saber cuántos soldados había en su reino capaces y listos para luchar en su ejército, así que decidió hacer un censo en Israel. Después de casi diez meses, el general Joab tuvo los resultados—había ochocientos mil hombres capaces en Israel y quinientos mil en Judá.

Sin embargo, estos resultados no eran definitivos. Inmediatamente después del censo, una enfermedad mortal golpeó el reino de David, matando a setenta mil personas en tres días. Según la Biblia, la peste viene como castigo de Dios por hacer el censo.[xxii] Se supone que David debe confiar solo en Dios, y no en el número de soldados que podía reunir.

Para acabar con la peste, David compró un terreno con una era, construyó un altar en el lugar y ofreció un sacrificio—y este es exactamente el lugar donde, años más tarde, el hijo de David, Salomón, construiría el famoso Templo de Jerusalén.

Capítulo 8 - El Rey Salomón

David todavía era el rey de todo Israel, incluyendo a Judá. Israel y Judá todavía representaban los dos grupos de tribus judías que habitaban en los territorios del norte y del sur del reino. Pronto se convertirían en reinos separados, pero ahora mismo, todo parecía estar en orden.

Sin embargo, el rey era débil y también impotente. El Primer Libro de los Reyes del Antiguo Testamento dice que David tiene frío en su cama, y que sus sirvientes y su familia hacen todo lo posible por ayudarle. Al final le traen una encantadora chica llamada Abisag para calentarlo, pero sin éxito. El rey seguramente tiene menos frío que antes, pero no pasa nada más.[xxiii]

En el antiguo Israel, la falta de potencia estaba estrechamente ligada a la falta de cualquier otro poder que un rey pudiera tener, y sugería que el fin estaba cerca. Y así sucedió lo inevitable— los hijos del rey comenzaron a hacer estrategias para la sucesión.

Como hemos visto en los dos capítulos anteriores, tres de los hijos del rey—el niño que tuvo con Betsabé, y luego Amnón y Absalón—ya habían muerto. Pero la matanza no había terminado. Aunque David supuestamente había prometido a Betsabé que su otro hijo, Salomón, le sucedería, había otras personas que no estaban de acuerdo con ese plan.

El Camino de Salomón hacia el Trono

El sucesor de David, Salomón, no solo haría realidad la mayor idea de su padre construyendo la "casa" de Dios. También se convertiría en el gobernante más famoso de Israel e hizo de su pueblo una de las naciones más prósperas e influyentes del mundo. Pero primero tenía que convertirse en el rey, y no fue una tarea fácil.

Las cosas se complicaron un poco en este punto ya que Salomón no era el hijo mayor de David que sobrevivió. Adonías era mayor que Salomón, y estaba listo para reclamar el derecho al trono. También tenía algunos seguidores importantes. La larga lista de sus partidarios incluía a uno de los dos sumos sacerdotes, Abiathar, así como al general Joab. Otras figuras influyentes, como el sacerdote Sadoc, el profeta Natán y algunos de los guerreros más valientes de Israel permanecieron leales a David, que aún vivía cuando Adonías se coronó justo fuera de los muros de Jerusalén.[xxiv]

David abdicó inmediatamente y declaró a Salomón el verdadero rey de Israel. Se corrió la voz y la gente empezó a desertar de las fuerzas de Adonías. El pretendiente al trono huyó al altar de Dios y permaneció allí hasta que Salomón prometió que no lo mataría—a menos que intentara usurpar el trono de nuevo.

El Último Consejo de David

David estaba a punto de morir, y llamó a su hijo y sucesor, Salomón, para darle un último consejo. Le dijo que amara y obedeciera a Dios para que su reino prosperara y sus hijos permanecieran en el trono de Israel para siempre.[xxv]

Además, David recomendó a Salomón que se deshiciera de dos hombres en particular, cuyas actividades podrían ser peligrosas en un futuro próximo. El primer hombre era el general Joab, que había servido a David durante mucho tiempo y fue muy valiente y exitoso, pero que también mató a personas que estaban bajo la protección explícita de David más de una vez— y que solo apoyó a Adonías contra el legítimo rey de Israel. El segundo hombre se llamaba Simei, y en la actualidad apoyaba a David, pero le había maldecido y traicionado en el pasado, por lo que no se podía confiar en él.

David murió, y Salomón hizo lo que se le ordenó. Hizo que mataran a los dos hombres y, finalmente, también mató a Adonías. Adonías había intentado usurpar el trono de nuevo, aunque de forma más sutil: casándose con Abisag, la última y más joven esposa de David (que al parecer seguía siendo virgen).[xxvi] El antiguo sumo sacerdote, Abiatar, no fue asesinado, pero fue denunciado y desterrado de Jerusalén.

La Legendaria Sabiduría de Salomón

Salomón quizás nació con una mente brillante, pero la Biblia dice que se le concedió cuando se convirtió en el rey.[xxvii] Siguió el consejo de David, respetó a Dios, y vivió y gobernó correctamente—entonces una noche, Dios se le acercó y le dijo, "Pídeme lo que quieras".[xxviii]

Salomón tuvo la oportunidad de elegir entre el poder abrumador, la longevidad, la sabiduría, la riqueza y otras asombrosas recompensas—y eligió la sabiduría. Como explicó, necesitaba una mente sabia para entender el bien y el mal, y para gobernar a su pueblo con justicia.

Dios estaba contento con la elección de Salomón.[xxix] Además de la sabiduría épica, al rey se le concedió todo lo demás: salud, riqueza y poder.

Al día siguiente, Salomón tuvo la oportunidad de demostrar la sabiduría que le acababan de dar. En el mundo antiguo, el rey tenía el papel de juez supremo en todos los casos legales, y había un caso difícil ante él. Dos prostitutas se le acercaron con un recién nacido. Las dos mujeres vivían bajo el mismo techo, y cada una de ellas había tenido un bebé recientemente. Sin embargo, un bebé murió, mientras que el otro sobrevivió. Ahora ambas mujeres afirmaron que el bebé sobreviviente le pertenecía. Dependía del rey decidir quién era la verdadera madre—y no había ninguna evidencia que respaldara la historia de ninguna mujer. No hay problema, Salomón sabía exactamente cómo identificar a la madre biológica. Pidió a sus sirvientes una espada y dijo que le daría a cada madre la mitad del bebé. Una de ellas no se opuso a la decisión, pero la otra empezó a llorar y a rogar al rey que le diera el bebé a la otra mujer, solo para mantener al niño ileso. Salomón reconoció el verdadero amor de la madre y le dio el niño.

El Juicio de Salomón por Peter Paul Rubens (1617)[xxx]

La Gloria de Salomón y el Templo

La Gloria de Salomón y el Templo

Habiendo asegurado su posición en el trono, el rey Salomón trabajó en el fortalecimiento de su reino. Se reconstruyeron las murallas y puertas de las principales ciudades, y se establecieron varios planes de administración en varios centros regionales, que funcionaron bien.

La casa de Salomón era magnífica. Se casó con mil mujeres, incluyendo cientos de princesas extranjeras.[xxxi] El rey también se ocupó de muchos de los caballos y carros que poseía construyendo impresionantes establos que también daban testimonio de la riqueza de Israel.

Además, Salomón construyó una impresionante flota y aumentó el comercio marítimo en el mar Rojo. Pero nada era tan impresionante como sus proyectos de construcción. Su palacio fue construido durante un período de trece años. Justo al lado del palacio, estaba el Templo que albergaba todas las reliquias que solían residir en el Tabernáculo.[xxxii]

La construcción del Templo de Salomón fue particularmente interesante. La construcción había durado siete años, y Salomón lo había construido en una especie de asociación con el rey Hiram de Tiro, que proporcionó la tan necesaria madera de cedro. Pero al final, fue el pueblo de Israel quien pagó por ella e hizo todo el trabajo mediante trabajos forzados.[xxxiii]

El Declive

Salomón estaba en la cima de su poder. Disfrutaba de una enorme admiración de sus súbditos y especialmente de los gobernantes de otras naciones, y mantenía excelentes relaciones con la mayoría de ellos. La reina de Saba lo visitó y testificó sobre su impresionante fortuna. Había oído hablar mucho del esplendor que disfrutaba Salomón y no lo creía, pero una vez que lo vio, se dio cuenta de que todo era aún más magnífico de lo que su pueblo le describía (una leyenda posterior dice que el rey Salomón y la reina de Saba tuvieron un hijo juntos, pero la Biblia no dice nada al respecto). Sin embargo, este estado no duró para siempre ya que incluso el propio Salomón sucumbió a las tentaciones.

Desde el punto de vista bíblico, el mayor error de Salomón es que empezó a valorar los dioses que sus esposas extranjeras respetaban, abandonando así lentamente el monoteísmo judío. Las cosas que empezaron a suceder después de su muerte—como la división del imperio (véase el siguiente capítulo) y las subsiguientes caídas de ambos nuevos imperios, se interpretan tradicionalmente como el castigo por el posterior politeísmo de Salomón y su aprecio por las deidades paganas.

Otro error muy palpable que cometió Salomón está relacionado con la forma en que gobierna el reino en sus últimos años. Entre las doce tribus de Israel, claramente dio un trato especial a la tribu a la que pertenecía—Judá. Salomón había dividido el reino en doce distritos administrativos, pero estos no correspondían a las fronteras tribales más antiguas, sino a algunos rasgos geográficos. Solo el territorio de Judá parecía estar intacto, y eso no es todo. Cada distrito necesitaba proporcionar trabajadores para trabajar en los nuevos proyectos de construcción y para pagar los impuestos. Una vez más, Judá se salvó. No solo el pueblo de Judá no tenía que pagar impuestos, sino que la mayor parte del dinero que se había reunido en otros lugares terminó en este distrito, y se utilizó para sus fortificaciones. Además, Salomón había vendido al rey Hiram unas veinte ciudades que pertenecían a tribus del norte.[xxxiv]

Los Futuros Reyes: Jeroboam y Roboam

Salomón se fijó en el hijo de uno de sus sirvientes, un joven talentoso y trabajador llamado Jeroboam, y le dio un ascenso. Jeroboam estaba a cargo de algunas obras de construcción en la capital. Un día, un profeta se le acercó y le dijo que había sido elegido para gobernar diez de las doce tribus de Israel.

Estas diez tribus estaban ansiosas por dejar atrás a Salomón y seguir al nuevo líder. Pero el futuro rey sabía que Salomón querría matarlo, así que huyó a Egipto, donde permaneció hasta la muerte del rey. Salomón finalmente murió, y su hijo Roboam le sucedió en el trono de Israel.

Capítulo 9 - Monarquía Dividida

Con la muerte de Salomón, la edad de oro de la prosperidad que Israel disfrutó bajo el reinado de David y Salomón había terminado, junto con cualquier noción de la estabilidad de la nación— junto con ellos. Las tribus ya estaban en desacuerdo, y ahora estaban a un paso de separarse para siempre. Donde estaba el gran reino de Israel, aparecieron dos reinos menores—Israel (formado por las diez tribus de la parte norte del reino anterior) y Judá.

Las épocas que siguieron estuvieron llenas de conflictos, tanto políticos como religiosos. Unos dos siglos después, Israel caería ante el poderoso Imperio asirio. Otro siglo y medio más tarde, Judá también se derrumbaría, ante otra fuerza colosal—los Babilonios, que se apoderaría de la capital de David y arruinaría el Templo de Salomón.

Pero mientras tanto, hay docenas de reyes de los dos reinos cuyas vidas y actos, aunque a menudo no heroicos, merecen nuestra atención.

Roboam - El Hijo Insensato de los Sabios

La división del reino puede haber sido una consecuencia del politeísmo del difunto Salomón, pero su injusto comportamiento hacia las tribus del norte contribuyó a la división, y su sucesor acababa de añadir sal a la herida.

El rey Roboam visitó los territorios del norte para asegurarse de que todos supieran que era él quien estaba al mando. Se enteró de que la gente estaba descontenta con la política fiscal y los trabajos forzados de Salomón, y que querían saber si el nuevo rey dejaría de aplicar estas políticas.

Dos grupos de consejeros reales ofrecieron consejos contradictorios al rey. Los mayores le dijeron que tuviera cuidado si quería que las tribus del norte lo aceptaran, y que les prometiera lo que quisieran. Los consejeros más jóvenes no estuvieron de acuerdo—el rey debería mostrar a esas multitudes rebeldes quién está a cargo. A Roboam le gustó el último consejo y le dijo algo horrible a la gente: "¡Mi padre hizo pesado vuestro yugo, pero yo añadiré a vuestro yugo; mi padre os golpeó con látigos, pero yo os golpearé con escorpiones!"[xxxv]. Roboam, por supuesto, no tenía autoridad para obligar a toda esa gente a servirle, e inmediatamente declararon la independencia.

A partir de entonces, la unión de las tribus del norte se llamaría el reino de Israel o, alternativamente, porque eligieron Samaria como su capital, el reino de Samaria. Roboam y sus sucesores (la dinastía de David) gobernarían el reino de Judá desde Jerusalén. Judá se mantendría relativamente estable durante un período más largo, y su dinastía duraría más de 400 años (a partir de la coronación de David).

Jeroboam y los Nuevos Ídolos

Jeroboam (ver capítulo 8) fue aceptado inmediatamente como el nuevo rey de un Israel independiente, e hizo todo lo posible para asegurar su posición en el trono. Dado que la religión desempeñaba un enorme papel en la vida de los israelitas, el nuevo rey temía perder algunos de sus súbditos si seguían asistiendo a los festivales religiosos públicos de Jerusalén. Para evitarlo, construyó dos nuevos centros de culto en las ciudades de Dan y Betel y estableció un toro de oro (un antiguo símbolo de virilidad) en cada sitio. Además, declaró que esos becerros eran los dioses que realmente liberaron al pueblo de Israel de la esclavitud ejercida por los egipcios.[xxxvi]

El relato bíblico dice que Jeroboam y sus sucesores están condenados porque abandonaron a Dios y abrazaron a las deidades que se asemejan a Baal, el dios de la tormenta adorado por los Cananeos.

La Invasión de Shishak y la Misteriosa Desaparición del Arca

Mientras tanto, en el sur, el faraón egipcio Shishak aprovechó el caos que rodeaba la separación y atacó a Judá, así como a otras ciudades; reunió todos los tesoros de Jerusalén y luego regresó al valle del Nilo.[xxxvii]

El Shishak bíblico fue en realidad el faraón llamado Sheshonq I. Una inscripción en su templo de Karnak dice que dirigió una gran campaña en la zona hoy conocida como el Levante y que aplastó varias ciudades. Sin embargo, como la mayor parte del texto es ilegible, no podemos estar seguros sobre si Jerusalén estaba realmente en la lista.

Nadie sabe qué le pasó al Arca de la Alianza. Tal vez Shishak la tomó, o tal vez estaba escondida en algún lugar bajo el Templo. Una historia incluso involucra al hijo del rey Salomón y la reina de Saba.

Desde el momento de la desconcertante desaparición del Arca de la narración bíblica, varios investigadores afirmaron que tenían un rastro y sabían dónde se encontraba el Arca. Algunas fuentes afirman que el objeto se encuentra en la Iglesia de Nuestra Señora María de Sión en Etiopía, donde se guarda bajo custodia como tesoro.[xxxviii] Los Lemba de Sudáfrica y Zimbabwe afirman que están en posesión del Arca.[xxxix] Varias hipótesis dicen que el Arca está ubicada en la Catedral de Chartres en Francia, en la tumba de Tutankamón en Egipto, en la Basílica de San Juan de Letrán en Roma, o en algún lugar de los Estados Unidos (donde supuestamente fue tomada a comienzos de la Primera Guerra Mundial).

El Arca de la Alianza no figuraba entre los tesoros que el rey asirio Tiglat-pileser III se llevó de Jerusalén. Ha desaparecido de la narración bíblica, y ha estado ausente desde entonces.

Capítulo 10 - Los Reyes de la Monarquía Dividida hasta la Caída de Israel

No sabemos muchos detalles sobre los próximos reyes de Israel (y Judá). El antiguo relato dice que la mayoría de ellos no lograron producir una dinastía duradera. El hijo de Jeroboam, Nadab, gobernó durante solo dos años; fue asesinado (junto con todos sus parientes varones) por un usurpador, y el siguiente rey, llamado Baasa. Baasa reinó durante 23 años, pero su hijo, Elah, sufrió el mismo destino que Nadab—después de dos años de reinado, fue asesinado por un comandante militar llamado Zimri, que a su vez fue asesinado por otro comandante. El reinado de Zimri fue el más corto de la historia de Israel, ya que solo duró siete días.

Omri, el comandante que mató a Zimri, se convirtió en el rey que logró construir una dinastía que duró un par de generaciones (cuarenta años en total), que incluyó a los tres reyes siguientes: Acab, Ocozías y Joram. Los años durante los cuales estos reyes gobernaron Israel estuvieron llenos de conflictos y alianzas (incluyendo una alianza con Judá) contra vecinos agresivos. Un ejemplo de alianza con las tribus vecinas es el matrimonio del príncipe heredero, el hijo mayor de Omri, Acab, con Jezabel, una princesa fenicia. Las campañas militares de Omri se encuentran entre las primeras acciones de este tipo que están documentadas por una fuente histórica indiscutible—la inscripción de la estela de Mesha, también conocida como la Piedra de Moab, dice que Omri invadió Moab, pero más tarde Moab logró suprimir a los hijos de Omri.[xl]

Ahab, Jezabel y el Profeta Elías

Al igual que la gran mayoría de los reyes de Israel después de Jeroboam, el rey Acab adoraba a varias deidades, incluyendo al dios cananeo Baal y a la diosa Asera. Pero ese no fue su mayor crimen—ni el de su esposa—Acab y Jezabel cometieron a sangre fría un grave asesinato: hicieron matar a un hombre inocente solo para obtener algunas de sus posesiones.[xli]

Un hombre llamado Naboth vivía junto al palacio del rey, y tenía un viñedo de primera clase. Ahab quería comprar ese viñedo a su vecino, pero Naboth no quiso venderlo. El rey estaba molesto, incluso hasta el punto de perder el apetito, y finalmente, a su esposa Jezabel se le ocurrió una idea. Pagó a dos hombres para que dijeran que habían oído a Nabot maldecir a Dios y a Acab. Maldecir al rey y a Dios eran ofensas importantes (aunque adoraba a varios dioses, Acab todavía respetaba al Dios de los israelitas—aparentemente, no encontró que las dos religiones se excluyeran mutuamente), y Nabot fue ejecutado rápidamente.

Acab obtuvo la viña, pero poco después un profeta llamado Elías se acercó a él, diciéndole que tanto él como su esposa morirían por lo que le hicieron a Nabot y que los perros lamerían su sangre. Poco después de eso, Elías luchó con éxito (y de forma bastante milagrosa) batallas religiosas contra los adoradores de Baal.[xlii] Acab acabó muerto en una batalla, cumpliendo así la profecía de Elías.

Elías fue uno de los principales profetas de Israel, y según la Biblia, tenía tres tareas más que cumplir. Necesitaba ungir a los próximos reyes de Israel y de Aram (un estado vecino) y nombrar a su discípulo, Eliseo, como su sucesor. Elías completó la tercera tarea, luego cruzó milagrosamente el río Jordán donde un carro celestial lo recogió y se lo llevó.[xliii] Las dos primeras misiones fueron dejadas a Eliseo. En primer lugar, necesitaba ungir a Jehú como el nuevo rey de Israel.

Una Tregua Transitoria: Ocozías y Dos Jorams

Mientras tanto, los gobernantes y el pueblo de Israel y Judá disfrutaban de un período inusualmente pacífico. El príncipe heredero de Judá, Joram, se había casado con la hermana del difunto rey Acab, Atalía. Su hijo, Ocozías, era el siguiente en el trono de Judá, y siguió una política pacífica hacia Israel. El nuevo rey de Israel también se llamaba Joram. El Israel de Joram y el Judá de Ocozías lucharon juntos contra el pueblo de Aram.

Joram resultó herido, y los dos reyes fueron juntos a Jezreel para recuperarse. Sin embargo, ambos murieron en un violento levantamiento.[xliv]

Jehú

Jehú era el general a cargo del ejército de Israel, y aún estaba en el campo de batalla mientras el rey Joram se recuperaba en Jezreel. Durante una reunión con sus oficiales, un profeta no identificado (supuestamente enviado por Eliseo) se acercó a él y lo ungió, diciendo que fue elegido por Dios para castigar a la dinastía de Acab por los pecados que el difunto rey y Jezabel cometieron. El ejército apoyó a Jehú, que luego fue a Jezreel.

Cuando oyeron que Jehú se acercaba a la ciudad, Joram y Ocozías se dieron cuenta de que algo malo iba a suceder, pero todos los hombres que enviaron para averiguar las intenciones de Jehú cambiaron rápidamente de bando y nunca regresaron. Los dos reyes permanecieron solos. Jehú llegó y mató a Joram mientras explicaba lo que estaba haciendo. Ocozías también fue herido de muerte.[xlv] Jezabel fue asesinada, y la mayor parte de su cuerpo fue comido por los perros. Además, Jehú decapitó a todos los que estaban relacionados con Acab, ya sea por sangre o de cualquier otra forma. Todos los que habían apoyado la dinastía de Ahab murieron violentamente durante esta agitación.

Los siguientes en la línea fueron los sacerdotes de Baal. Jehu los reunió a todos para una celebración y propuso que hicieran un sacrificio a Baal. Los sacerdotes no tenían ni idea de que eran ellos los que iban a ser sacrificados, pero eso es exactamente lo que pasó después. Los soldados entraron en el templo de Baal, mataron a todos los sacerdotes, y luego destruyeron completamente el templo.[xlvi]

Jehú permaneció en el trono de Israel durante 28 años. Sus descendientes gobernaron el reino durante cinco generaciones, hasta el asesinato de su tataranieto, Zacarías.

Ataliah y Joás de Judá

Mientras tanto, en Judá, la madre del rey Ocozías, Atalía, se enteró de que su hijo había muerto y decidió que debía gobernar Judá personalmente. Para lograrlo, hizo que mataran a todos los herederos varones del trono. Sin embargo, no sabía que la hermana del difunto rey, llamada Josefa, había logrado esconder a uno de sus hermanos— un bebé llamado Joás—en el Templo. Siete años después, el sumo sacerdote Joiada declaró a Joás rey de Israel, y Atalía fue asesinada rápidamente.[xlvii]

El rey Joás gobernó en Judá durante 40 años, con la ayuda del sacerdote Joiada. Utilizaron las donaciones recaudadas en el Templo para reparar el Templo. Otros tesoros se gastaron para sobornar a Hazael, el rey de Aram, para no destruir la ciudad de Jerusalén. Finalmente, Joás fue asesinado por sus siervos, Jozacar y Jozabad. Su hijo Amasías le sucedió en el trono de Israel.

Capítulo 11 - Diez Tribus Perdidas: La Destrucción y Caída de Israel

Israel y Judá estuvieron en un estado de lucha constante durante otro siglo. Como consecuencia, ambos reinos siguieron perdiendo el poder y la estabilidad que una vez tuvieron.

En Israel, Jehú murió y fue sucedido por su hijo, Joacaz. Este rey parecía ser incompetente, pero todo lo que el texto bíblico dice de él es que repite los pecados de Jeroboam y adora a deidades "paganas".[xlviii] Como castigo—o por coincidencia—la devastación del Reino de Israel comienza durante el reinado de este rey.

Los Arameos Invaden Israel

Primero, los Arameos saquearon Israel. Hazael, el rey de Aram, y su hijo, Ben-Hadad, invadieron Israel y capturaron varias ciudades. Luego regresaron a su tierra, dejando atrás daños inimaginables. El ejército de Joacaz se redujo a diez mil hombres de a pie, no más de cincuenta jinetes y diez carros.

El Fin de la Dinastía de Jehú

A Joacaz le sucedió su hijo Joachs, también conocido como Joás, que luchó contra el reino de Judá durante el reinado de Amasías, capturándolo— y a una tonelada de riqueza del Templo de Jerusalén— y luego derrotó a Ben-Hadad de Aram. El siguiente gobernante después de Joás fue su hijo, Jeroboam II.

El hijo de Jeroboam, Zacarías, fue asesinado a traición. Su asesino, Shallum, se sentó en el trono de Israel durante un mes, antes de ser asesinado por Menajem. Este Menajem y su hijo, Pekaiah, están entre los más crueles y peores reyes que ha tenido Israel. Pekahiav fue asesinado por Pekah, que gobernó durante veinte años y durante ese tiempo atacó a Judá.[xlix]

Los Reyes Buenos y Malos de Judá

Durante el reinado de Jeroboam en Israel, el legítimo rey Azarías comenzó a gobernar Judá y permaneció en el trono durante cincuenta y dos años. Después de morir de lepra (y de muy avanzada edad), su hijo Jotham tomó su lugar y continuó con el mismo justo gobierno. Jotham reconstruyó una puerta del Templo que había sido dañada anteriormente por el ejército de Peká y los Arameos. Después de su muerte, Jotham fue sucedido por su hijo, Acaz.

Como Menahem en Israel, Acaz hizo algunas cosas escandalosas como el rey de Judá. Incluso sacrificó a uno de sus hijos a una deidad local. De hecho, había todo un santuario donde la gente quemaba a sus hijos como sacrificio.

La Conquista Asiria y la Despoblación de Israel

Cuando el rey Arameo Rezin y el rey de Israel, Peka, atacaron Judá, Acaz pidió ayuda al rey asirio Tiglat-pileser. El ejército asirio vino y devastó a los enemigos de Acaz, capturando Damasco y muchas de las ciudades de Israel. Tiglat-pileser mató al rey Rezín de Aram, y Pekaiah fue destronado (o asesinado) en Israel.

El rey asirio demostró su poder enviando al exilio a los israelitas y nombrando a Oseas como el nuevo rey de Israel. Oseas, sin embargo, se rebeló contra este nuevo amo, esperando recibir algún apoyo de Egipto. Esto nunca ocurrió, así que Oseas permaneció solo, incapaz de resistir a los conquistadores asirios.

Tiglat-pileser ya había sustituido a toda la población de Israel con otros pueblos que habitaban su vasto imperio. Los israelitas fueron trasladados sin dejar rastro. Los dos siguientes reyes asirios—Shalmaneser V y Sargón II—se apoderaron y destruyeron todas las ciudades israelitas que quedaban, incluyendo Samaria. Las diez tribus que formaban el reino de Israel se perdieron para siempre, y todavía se les llama "las diez tribus perdidas".

Capítulo 12 - La Resistencia y las Reformas de Judá

El pueblo de Judá se sorprendió al descubrir que Israel había sido devastado. Estas nuevas circunstancias hicieron al reino de Judá considerablemente vulnerable. Quedó claro que la gente de esta tribu puede haber compartido el mismo destino que los del norte—no eran imbatibles después de todo. Los gobernantes de Judá se dieron cuenta de que era su última oportunidad de consolidarse, para salvar el reino y su gente, y evitar la destrucción que golpeó a sus vecinos del norte. Sus esfuerzos dieron resultados durante un tiempo, ya que el reino aguantó durante otros 150 años.

El nuevo rey de Judá, el hijo de Acaz, Ezequías, y su bisnieto Josías, dos generaciones más tarde, cambiaron la forma de gobernar Judá. Ambos reyes eran devotos de Dios (aunque el sucesor inmediato de Ezequías no lo era) e hicieron todo lo posible por salvar a Judá de una inminente destrucción.

Ezequías, el Buen Rey

Ezequías demostró su devoción al Dios judío arrasando los lugares de cultos alternativos, dedicados a Baal y a otras deidades locales, en todo el reino de Judá. Llegó tan lejos que destruyó completamente la serpiente que Moisés hizo de bronce para poder curar a la gente mordida por serpientes venenosas en el desierto.[i] Para asegurarse de que sus decisiones estaban siempre alineadas con el plan de Dios, invitó al profeta Isaías a aconsejarle.

Aunque Ezequías había hecho profundas reformas religiosas y políticas, Judá sufrió una derrota tras otra. Los asirios abrumaron el reino e invadieron cuarenta y seis ciudades, incluyendo Laquis.[ii] Pero el enemigo pretendía capturar Jerusalén.

"Ángel" Salva a Jerusalén

El rey asirio, Senaquerib, amenazó al rey Ezequías, diciendo que destruiría su tierra y lo mataría a menos que se rindiera. Ezequías estaba desesperado y pidió a Dios que le ayudara. Finalmente, el profeta Isaías dijo que todo iba a estar bien—que Dios iba a salvar a Jerusalén esta vez.

Los asirios se preparaban para atacar Jerusalén por la mañana, pero durante la noche, todos ellos murieron—unos 185.000 hombres—la Biblia afirma que es porque un ángel visitó su campamento. Otras fuentes antiguas confirman que un gran número de soldados murieron esa noche. Herodoto escribió que los asirios fueron golpeados por la plaga. Además, una inscripción real encontrada alrededor de los restos del palacio del rey Senaquerib dice que el rey asirio había sitiado Jerusalén y atrapado al rey de Judá como un pájaro enjaulado, pero eso fue todo. Los asirios nunca hicieron realidad sus amenazas.

Manasés y Amón

El reinado del hijo de Ezequías, Manasés, fue notablemente largo (cuarenta y cinco años) y estable. Sin embargo, este rey anuló las reformas religiosas de su padre, y los autores bíblicos lo condenan. Por lo tanto, no se nos dan muchos detalles sobre cómo logró gobernar tan eficazmente para disfrutar de un período tan largo de poder. En cambio, se nos informa que practicó la brujería, siguió los consejos de los médiums, puso una imagen tallada de la diosa Asera en el Templo, e incluso sacrificó a uno de sus hijos a un dios extranjero. Toda la población de Judá parecía seguir al rey y alejarse de Dios, y Dios prometió que el fin de Judá estaba cerca.[lii] Además, no debemos olvidar que la guerra constante devastó tanto la economía como la población de Judá—y fuera del reino, había nuevas fuerzas militares como Babilonia.

Manasés murió de viejo y su hijo, Amón, se convirtió en rey. Sin embargo, Amón tomó algunas decisiones impopulares y no tenía ningún tipo de apoyo público. Después de solo dos años, fue asesinado por sus propios oficiales. La única persona adecuada para sucederle era su hijo Josías de ocho años.

El Piadoso Rey Josías

Josías siguió el camino de su bisabuelo Ezequías y llevó a cabo una profunda reforma religiosa hacia el monoteísmo. A principios de su reinado, los sacerdotes encontraron un pergamino que contenía la Ley de Moisés en el Templo. Josías escuchó a un sacerdote leer la Ley; luego se arrepintió profundamente por no conocer la ley, y comenzó a destruir todos los altares recién construidos de deidades extranjeras—incluyendo un gran altar que Jeroboam construyó en Betel en el antiguo reino de Israel.[liii]

No es sorprendente que Josías sea muy elogiado por los autores bíblicos y profundamente lamentado por los profetas posteriores, como Jeremías, cuando fue asesinado por los egipcios.[liv]

Capítulo 13 - La Caída de Jerusalén y el Fin del Reino de Judá

Dos poderosos imperios—Egipto y Babilonian—amenazaron con aniquilar por completo el reino de Judá. Después de matar a Josías, el faraón egipcio, Necococturno, capturó al hijo de Josías, el rey Joacaz, y lo reemplazó por su hermano Joaquín, que ahora debía servir al faraón como vasallo de Egipto. El nuevo rey de Judá impuso al pueblo el pago del tributo en oro y plata al faraón.

Sin embargo, Egipto no siguió siendo el mejor jugador por mucho tiempo. El rey Nabucodonosor de Babilonia comenzó a conquistar todas las tierras cercanas rápidamente y casi sin esfuerzo, ganando una ventaja considerable. Cuando el ejército babilónico se acercó a Jerusalén, Joaquín cambió de bando y apoyó a Nabucodonosor contra el faraón egipcio.

Sin embargo, un par de años después, Nabucodonosor no logró invadir Egipto y se retiró. Joaquín creyó que era el momento adecuado para liberar al reino de Judá de las garras de Babilonia y se rebeló contra la potencia extranjera. Nabucodonosor se enfureció; primero decidió devastar el ejército egipcio, y luego instruyó a sus fuerzas para que atacaran Jerusalén y mataran a Joaquín. Era el principio del fin, ya que esta vez nada iba a salvar a Jerusalén.

El rey Se Rinde

Después de la muerte de Joaquín, su hijo, Joaquín, gobernó en su lugar, pero solo gobernó durante tres meses. Nabucodonosor sitió Jerusalén, y el rey se rindió. El rey Joaquín, así como su familia, los funcionarios y una tonelada de tesoros de su palacio y el Templo, fueron llevados a Babilonia. La ciudad de Jerusalén no estaba en ruinas en este momento, pero más de 10.000 personas fueron exiliadas. Solo algunos de los más pobres permanecieron en la ciudad, y sufrieron ya que los diez años siguientes estuvieron marcados por una economía pobre y una terrible hambruna.[lv]

Destrucción Final

Nabucodonosor colocó a Sedequías, tío de Joaquín, en el trono de Judá, para asegurarse de que se recaudaran los impuestos. Sedequías no estaba contento con el estatus de rey vasallo, y después de un par de años, se rebeló contra Nabucodonosor. Babilonia respondió con dureza. El ejército de Nabucodonosor sitió Jerusalén durante dos años antes de irrumpir en la ciudad. Los babilonios capturaron al rey Sedequías y mataron a todos sus hijos ante sus ojos. Esa es la última escena que vería; habiendo matado a los hijos del rey, los babilonios le sacaron los ojos a Sedequías y lo llevaron a Babilonia encadenado.

En poco tiempo, Nabucodonosor deportó a la población restante de Judá y devastó la ciudad de Jerusalén con todas sus fortificaciones, el palacio real y el Templo. Durante casi 40 años, el Templo de Salomón en Jerusalén fue el corazón de la fe israelita, simbolizando su resistencia. Su destrucción representó el fin de una era.

Conclusión

Aunque los asirios y babilonios habían puesto fin a los reinos israelitas, la historia del pueblo judío y su devoción a Dios no terminó con el saqueo de Jerusalén y la destrucción del Templo.

Menos de un siglo después, Babilonia fue conquistada por los persas. Los exiliados de Judea estaban ahora a merced del rey persa Ciro, que fue mucho más generoso que Nabucodonosor. Ciro respetaba a los judíos y su religión e incluso dijo que Dios le había instruido que dejara a los exiliados volver a casa, para reconstruir su ciudad más sagrada y el Templo. Incluso les proporcionó los medios para que regresaran a su tierra y empezaran de nuevo.

Después de siete décadas de exilio en Babilonia, el pueblo de Judá regresó a Jerusalén, renovó la ciudad, recreó el Templo, y comenzó su relación con Dios de nuevo. Durante ese período, sus eruditos— sacerdotes y escribas—escriben extensamente sobre la Edad de Oro de Jerusalén, y los reyes de la monarquía unida, especialmente David y Salomón.

Mucho más tarde, varios segmentos de estas historias inmortales se encuentran en las tradiciones orales de muchas naciones. Los héroes épicos de la Europa medieval se parecen a David, y sus sabios reyes emiten juicios al igual que Salomón en la Biblia. Por eso es importante saber de dónde vinieron originalmente estas historias familiares, para averiguar todo lo que no conocíamos.

La historia de los reyes de la antigua Israel y Judá no es solo una parte de la historia de una nación. Está en el corazón de la historia del mundo occidental. Las personas religiosas de las tres religiones principales—el judaísmo, el cristianismo y el islam—ven a estas personas y eventos como una verdad indiscutible. La gente no religiosa también ha sido expuesta a estas ideas. Estas son las antiguas historias que forman nuestra visión del poder, la religión, el liderazgo, las guerras, el coraje y la cobardía, las naciones y los individuos, la lealtad y la traición, la virtud y el pecado, el monoteísmo y la magia—sin mencionar toda la historia del arte que está llena de varios motivos bíblicos.

Ninguno de nosotros sabe todo sobre la historia del mundo. Hay muchas partes de ese mosaico, y la historia de los israelitas y los reyes de Judá seguramente son esenciales.

Vea más libros escritos por Captivating History

Referencias

[i] 1 Sam. 4

[ii] Los Cananeos eran el pueblo que habitaba en el antiguo Israel (Canaán) antes de que los israelitas salieran de su cautiverio en Egipto en el siglo 12 a. C.

[iii] 1 Sam. 5-7; La Biblia del Rey Jacobo menciona "hemorroides", la mayoría de las otras versiones mencionan "tumores" en su lugar

[iv] 1 Sam. 8

[v] 1 Sam. 9:2

[vi] 1 Sam. 15

[vii] https://en.wikipedia.org/wiki/Tel_Dan_stele

[viii] La famosa estatua de Miguel Ángel, inaugurada en 1504 en Florencia, que representa al héroe bíblico; fuente de la imagen: Wikimedia Commons https://commons.wikimedia.org/wiki/File:David_09.jpg

[ix] https://www.latimes.com/opinion/la-xpm-2013-oct-31-la-oe-badenmoss-gladwell-goliath-20131031-story.html

[x] 1 Sam. 25

[xi] Éxodo 7; Rockwood, Camilla, ed. (2007). "Aaron." Diccionario biográfico de Chambers (8ª ed.). Edimburgo, Reino Unido: Chambers Harrap Publishers Lt.

[xii] 2 Sam. 5

[xiii] 2 Sam. 6

[xiv] 2 Sam.

[xv] 2 Sam. 11

[xvi] Como arriba

[xvii] 2 Sam. 14

[xviii] 2 Sam. 15

[xix] 2 Sam. 18

[xx] 2 Sam. 16

[xxi] 2 Sam. 18

[xxii] 2 Sam. 24

[xxiii] 1 Reyes 1

[xxiv] Como arriba

[xxv] 1 Reyes 2

[xxvi] Como arriba

[xxvii] 1 Reyes 3

[xxviii] Como arriba

[xxix] Como arriba

[xxx] Wikimedia Commons https://en.wikipedia.org/wiki/File:Salomons_dom.jpg

[xxxi] 1 Reyes 9

[xxxii] 1 Reyes 5

[xxxiii] Como arriba

[xxxiv] 1 Reyes 11

[xxxv] 1 Reyes 12

[xxxvi] Como arriba; véase el capítulo 1

[xxxvii] 1 Reyes 14; 2 Cron. 12

[xxxviii] Stuart Munro-Hay, La búsqueda del Arca de la Alianza, Tauris, 2005

[xxxix] David Van Biema, Una pista sobre el Arca de la Alianza, Time.com, 2008

[xl] https://en.wikipedia.org/wiki/Mesha_Stele

[xli] 1 Reyes 16

[xlii] 1 Reyes 18 y 19

[xliii] 2 Reyes 2

[xliv] 2 Reyes 8

[xlv] 2 Reyes 9

[xlvi] 2 Reyes 10

[xlvii] 2 Reyes 11

[xlviii] 2 Reyes 13

[xlix] 2 Reyes 15

[l] Núm. 21

[li] 2 Reyes 15

[lii] 2 Reyes 21

[liii] 2 Reyes 22-23

[liv] 2 Cron. 35

[lv] 2 Reyes 24

www.ingramcontent.com/pod-product-compliance
Lightning Source LLC
LaVergne TN
LVHW042001060526
838200LV00041B/1813